《我的家在紫禁城》系列

一起建前朝
一起看後宮

趙廣超 著

序　繼往開來，傳承文化

長久以來，我時常感受到故宮書籍的出版之於文化傳承的重要性。這種傳承除了學術上的推陳出新、藝術上的多彩呈現、宣傳上的傳播引導之外，還有一則，那就是用更加活潑、新穎、親切的方式培養我們未來的知音，讓更多的小朋友發自內心地喜歡故宮，從而走進故宮、了解故宮，繼承並發揚故宮蘊含的傳統文化的光輝。

很高興設計及文化研究工作室的趙廣超先生及其團隊，如此精心地打造這套《我的家在紫禁城》系列。當看到初具規模的圖書樣稿時，我心目中的故宮兒童系列就這樣躍然紙上。我相信，《我的家在紫禁城》系列能讓小朋友在掌握知識、感受傳統文化的同時，亦能津津有味、興趣盎然地閱讀它。

整個系列全套六冊，內容廣泛豐富，涵蓋了紫禁城的文化、歷史、建築以至生活的方方面面。《一起建前朝　一起看後宮》，營造出建造故宮時的磅礡氣勢；《你們這裡真好！——小動物起宮殿》以形象且樸實的視角解讀了傳統文化中天人合一、和諧自然的思想；《皇帝先生您好嗎？》讓小朋友們了解皇帝的快樂與煩惱；《故宮三字經》朗朗上口、圖片搭配使其一目了然；《在紫禁城》則與《幸福的碗》串聯著歷史與現實，表達幸福的真諦。

我相信，不僅是孩子們，就是像你我這樣的成年人，也可以藉著本書，一同來回味那已逝的童真，並輕鬆地欣賞故宮文化的廣博！

王亞民
故宮博物院原常務副院長
暨故宮出版社社長

前言　偉大宮殿，怎樣出現……

時間

600年前的明代，300多年前的清代，到現代。

地點

中國首都北京城中的古皇城中的紫禁城宮殿。這裡是中國首都北京的故宮博物院，前身是中國最後兩個封建皇朝（明、清）的皇宮——紫禁城，在1406年明代第三個皇帝朱棣（明成祖）的任期內開始興建，1420年落成，至今已度過了超過600年的歲月。

背景

600年前的世界還未機械化，建築主要依賴人手進行。當年明代政府傾全國之力，僅僅用了14年便建成了這座現存世上最大的皇宮（10年籌備，實際施工只4年），亦是世上最大的木構建築群（數之不清的大木柱，活像一個精美的森林），實在是一項了不起的成就，就是以現代技術來興建也不容易哩！

效率那麼高，原因是傳統中國建築有一種叫做「預製組件」的方法——先把宮殿的每一個部分標準化，然後下令全國同時發動過百萬的工匠和民工，分頭找材料、製造、加工，再運到工地，一起裝嵌出這座中國古代木構建築的最後一個奇蹟。

清代最後一個皇帝（溥儀）在1924年離開紫禁城。1948年，內廷古物陳列所與故宮博物院合併，成為今天的故宮博物院。1987年紫禁城被聯合國教科文組織列入《世界文化遺產名錄》，成為人類共同擁有和珍惜的文化和藝術見證。

本書分兩部分，分別介紹當年紫禁城前朝（皇帝辦公區）主要宮殿的建造情況，和後宮（皇帝生活區）裡一些較具代表性的片段。

明代的工匠

為什麼叫「紫禁城」？

「紫禁城」每一個字都有特別的意思。

紫

並不是指顏色，而是來自天上的紫微星垣。古人夜看天文，發現北方上空的紫微星垣（北極星）永恒不動，而其他星宿卻都圍繞著它轉動的現象，於是便相信紫微星是天帝的家。皇帝的家便是天宮在地上的倒影，最是尊貴無比。

禁

皇家重地，守衛森嚴，禁止一般平民百姓擅自闖入，也禁止宮中人員無故外出。

城

古人建城衛國，「國家，國家」，皇帝以國為家，也以家為國。紫禁城的面積達72萬平方米，差不多是一座縣城那麼大。明明是一座城，卻是一個人的家，而且由千萬人服侍，再沒有比他更特別的了——我們的皇帝。

趙廣超
設計及文化研究工作室

前朝皇帝做大事，又大又莊嚴。

清代的工匠

目錄

前朝

後宮

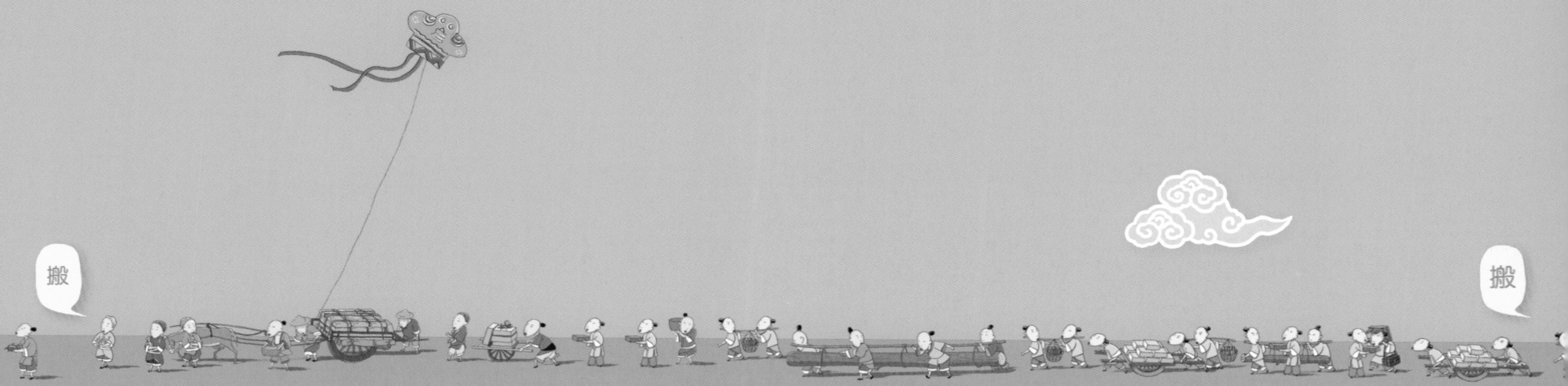

動員百萬

紫微
夜搬
日夜搬

明代工匠搬運起建
木
柏木產自福建、湖南、四川、廣東
杉木產自江南、江西、浙江、湖北
都是自然的物料
木作
搭材作
土作
油作
全國一起搬

傳說朝天吼還有一個很有趣的名字，朝外的叫做「望君歸」，等待外出多時的皇帝，早日回來主持國家大事；而門內對著皇宮的則是「望君出」，提醒皇帝不要老是耽於宮中各種享樂，總得關懷天下蒼生，出外視察民間疾苦才是。無論皇帝出宮、回朝，四隻忠心耿耿的朝天吼，總有一對在盼望哩！

滿族傳說中有位仙女吃了由一隻神鵲銜來的朱果而懷孕，之後便生下了滿族的始祖。滿族視鴉、鵲為同類，因此將烏鴉尊為滿族的神鳥，任其在皇宮中自由飛翔。

用磚萬千

用瓦件達2億塊
單是城牆用的磚，排起來就有地球圓周的八分之一那麼長！

古代中國的城市就像一個個的匣子：大匣子套著小匣子，小匣子套著更小的匣子。以北京城為例，大匣子是外城，較小的匣子便是內城，裡面再套著的匣子是皇城，皇城裡面更小的匣子便是紫禁城。這些城通通用磚包砌。紫禁城的城牆呈梯形，牆高 7.9 米，底面寬 8.26 米，頂面寬 6.66 米，城牆上可供五、六匹馬並馳。

城牆裡面用夯土墊實，外面用專門在山東燒製的澄漿磚包砌，每塊長 48 厘米，寬 24 厘米，高 12 厘米，重 24 公斤，鋪出總長達 3.5 公里的城牆，足足用了逾 1,200 萬塊磚。

城牆磚加上地磚

很多木柱
這棵樹那麼漂亮，留下來，種在庭院！
鋪屋頂要用木枝，就用這些梢枝。
像森林……
一定要正直
刨刨

安斗栱

手工精巧……

用簡單的

斗

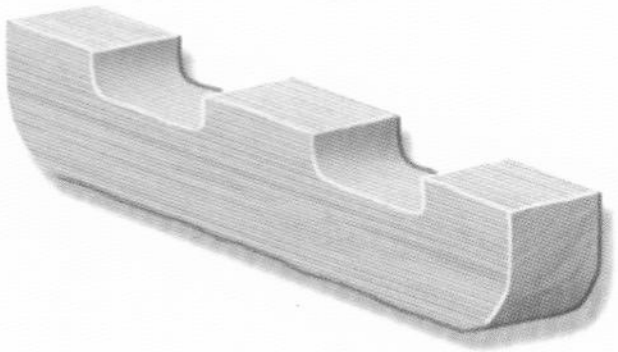

栱

在柱上抬起巨大的屋頂。

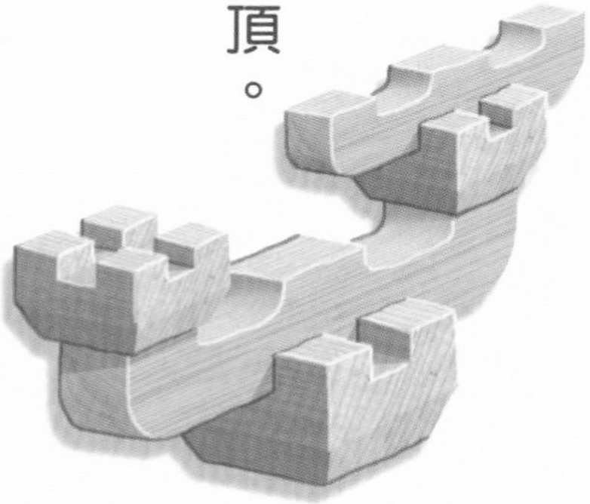

變成最奇異的斗栱

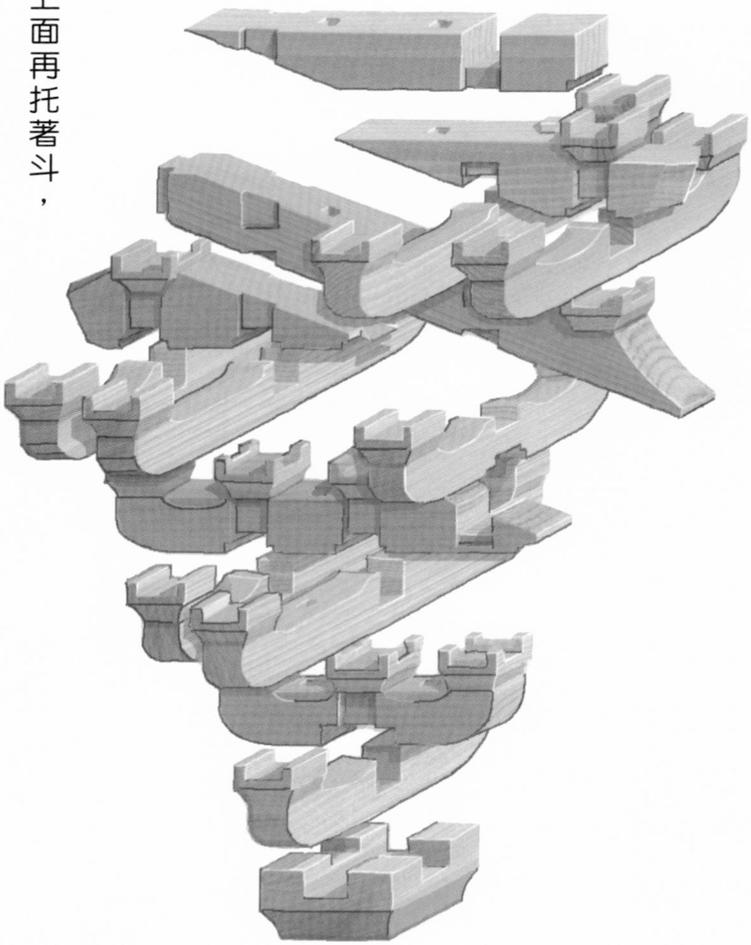

斗上面托著栱，栱上面再托著斗，

斗上面再托著栱，栱上面又再托著斗……

畫樑枋

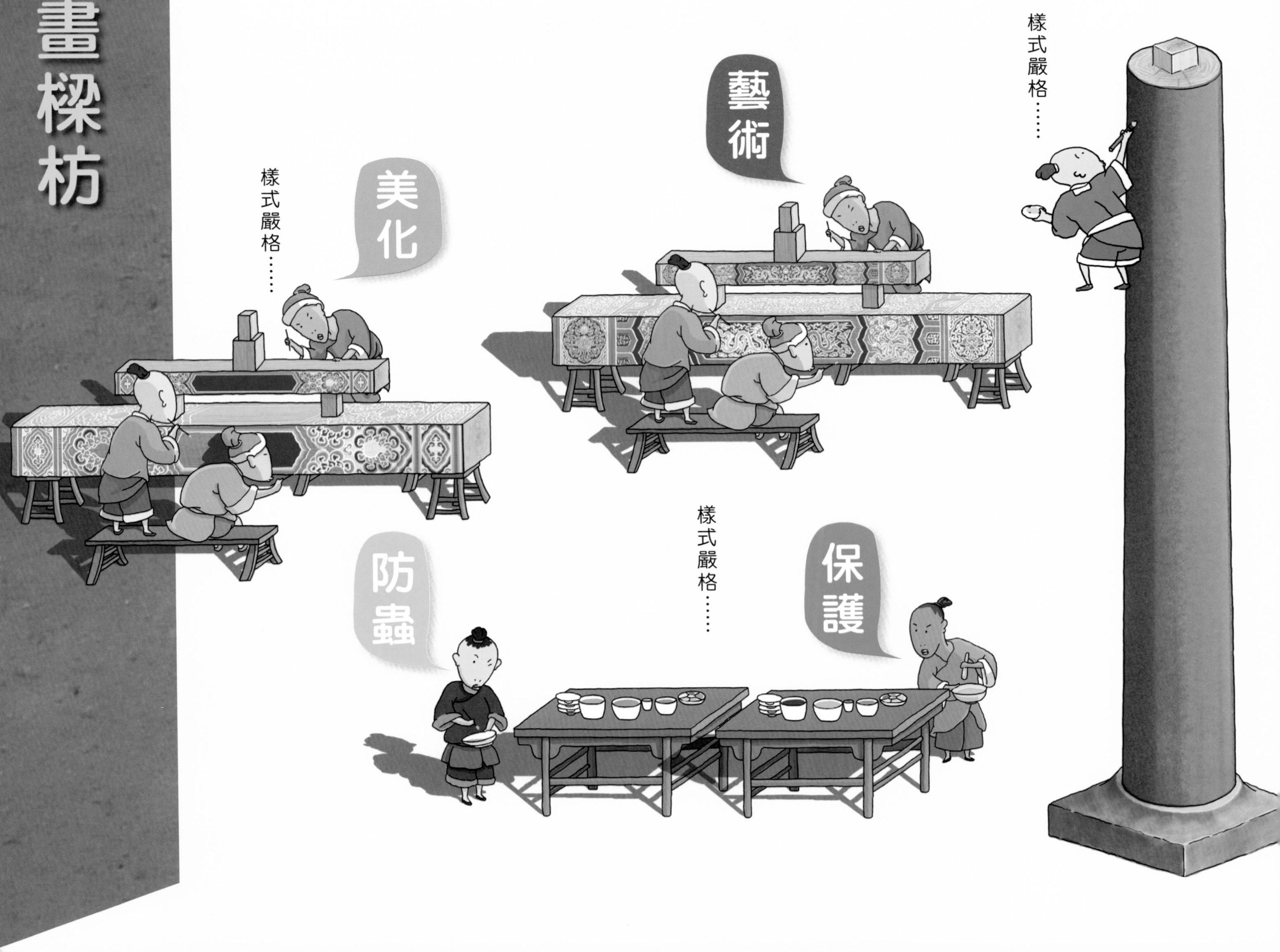

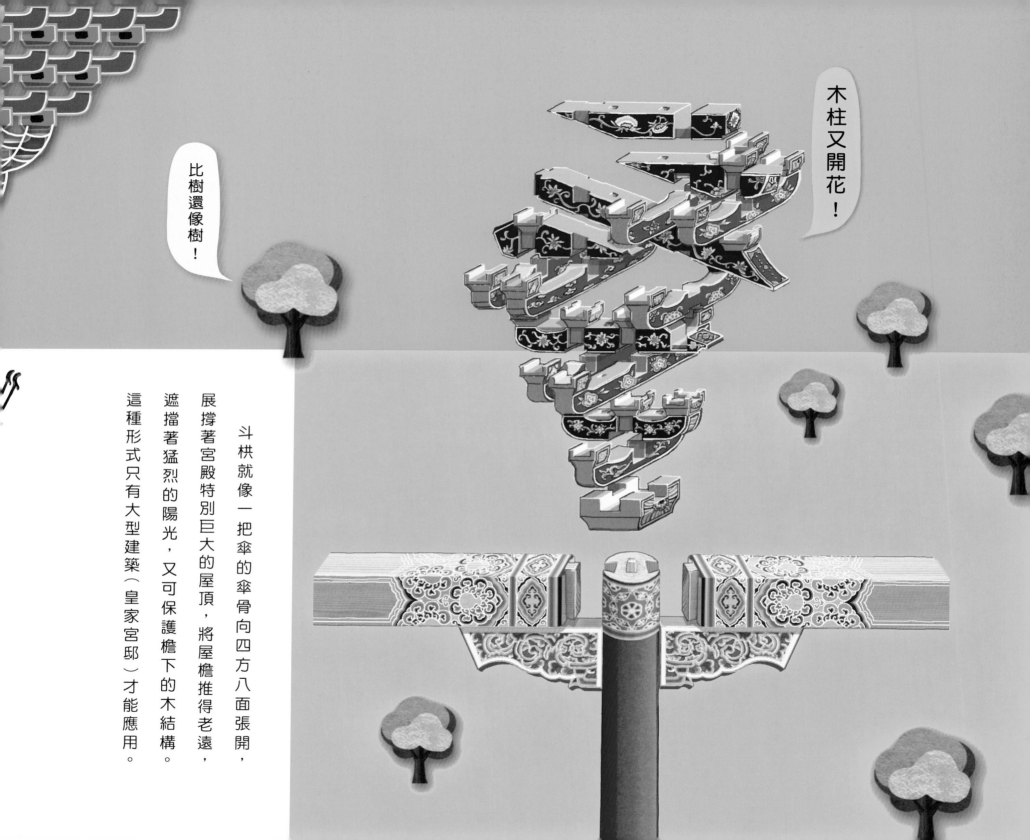

斗栱就像一把傘的傘骨向四方八面張開，展撐著宮殿特別巨大的屋頂，將屋檐推得老遠，遮擋著猛烈的陽光，又可保護檐下的木結構。這種形式只有大型建築（皇家宮邸）才能應用。

太和殿
更覺莊嚴
八旗軍

最大組件是藍天

說前朝樣樣都大一點也不錯，原本傳統建築中的庭院（或更小的天井），因為面積大到不得了，在前朝都變成一個個巨大的廣場。而花了無數人力物力搬來的大石雕，嚴格來說，其實就是一塊超級大石磚。擺在那裡，好像廣闊莊嚴的前朝完結之前的一個巨大的感歎號，告訴我們統治這個天下的，是令人既敬且畏的皇帝！

走到這裡（在古代，未經批准，沒有人可以走到這裡），便是紫禁城的後宮範圍。後宮面積約佔整個皇宮的五分之二，由一堵約 1.7 公里長的紅牆環抱，是皇帝、皇后及內侍生活的宮區。相對前朝的廣闊莊嚴，後宮就顯得親切玲瓏。當然，這裡是皇宮大內，再親切也不容閑人擅自亂闖！

宮院

紫禁城的後宮，是皇帝和他的家人生活的宮區，由三座主要宮殿：乾清宮、交泰殿和坤寧宮，以及東、西各六個各級嬪妃居住的宮院組成，總佔地面積 30,000 多平方米，有大小建築 140 多座，房屋 500 多間（「間」是由四根木柱所組成的空間單位）。在正式進入這個皇帝的家之前，還有一個帶着「前朝成分」的施政過渡空間……

太監
嬪妃
宮女
公主
是皇上和我們的家

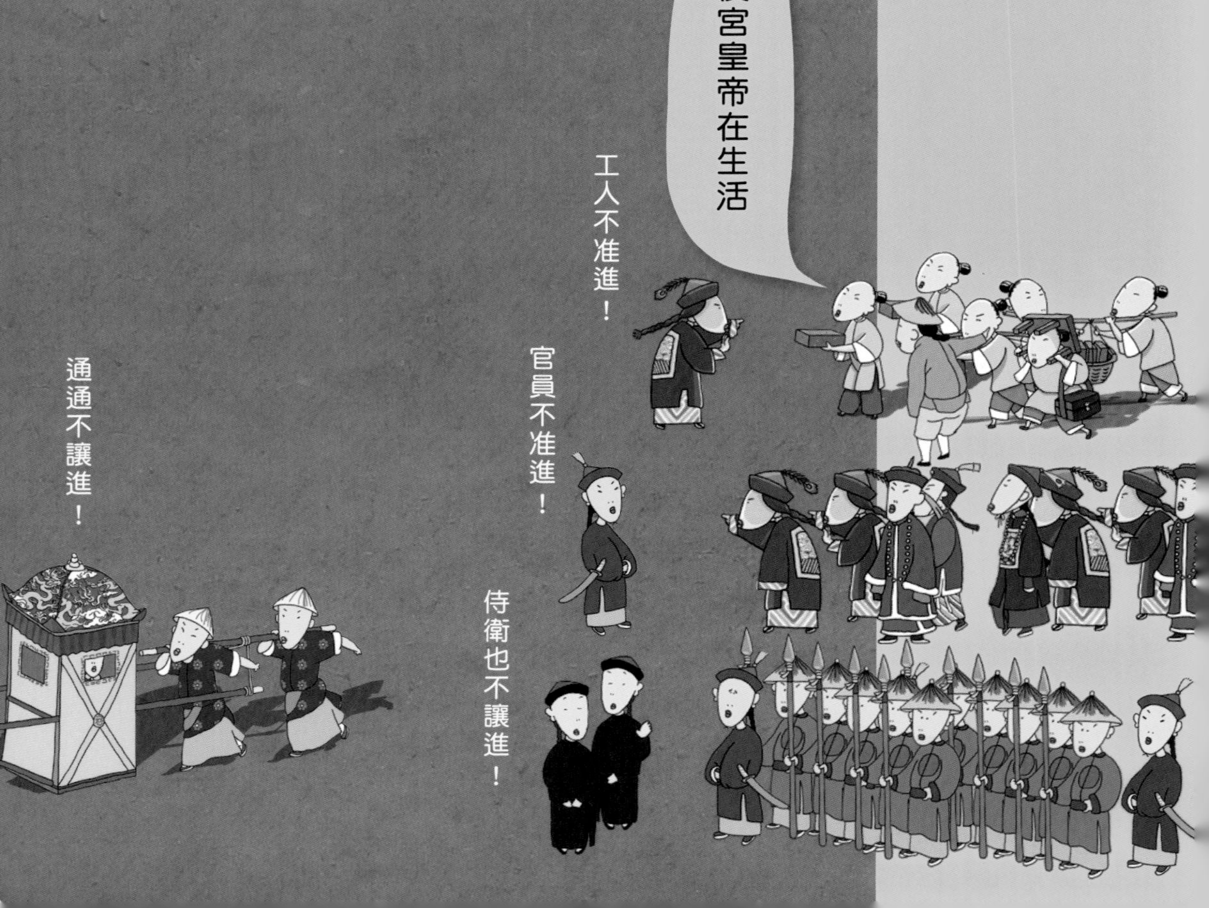

後宮皇帝在生活
工人不准進！
官員不准進！
侍衛也不讓進！
通通不讓進！

紫禁

「宮」字很象形，連皇帝住的房間也寫了出來。

皇帝在前朝處理重大的國家事務，所以殿宇的空間十分寬廣，可以一下子容納成千上萬的大臣、侍衛和來自世界各國的賓客。

後宮是皇帝和皇后生活的地方，較細緻玲瓏。少了一點嚴肅，多了一份生活的氣息，與前朝相同之處是同樣尊貴。

琉璃將牆壁裝飾得像一幅幅浮雕，既美麗又有保護作用。

大內正門

清代皇帝將每日御門聽政的地點，從太和門外改到乾清門進行。經東華門入宮的官員會經景運門上朝。獲賜在紫禁城騎馬、坐轎上朝的大臣，得在箭亭前下馬、落轎，然後徒步經景運門進入乾清門廣場候詔面聖。凡親王以下，文職三品、武職二品以上大員及內廷行走各官所帶從人，只准至台階 20 步以外等候，不得接近。

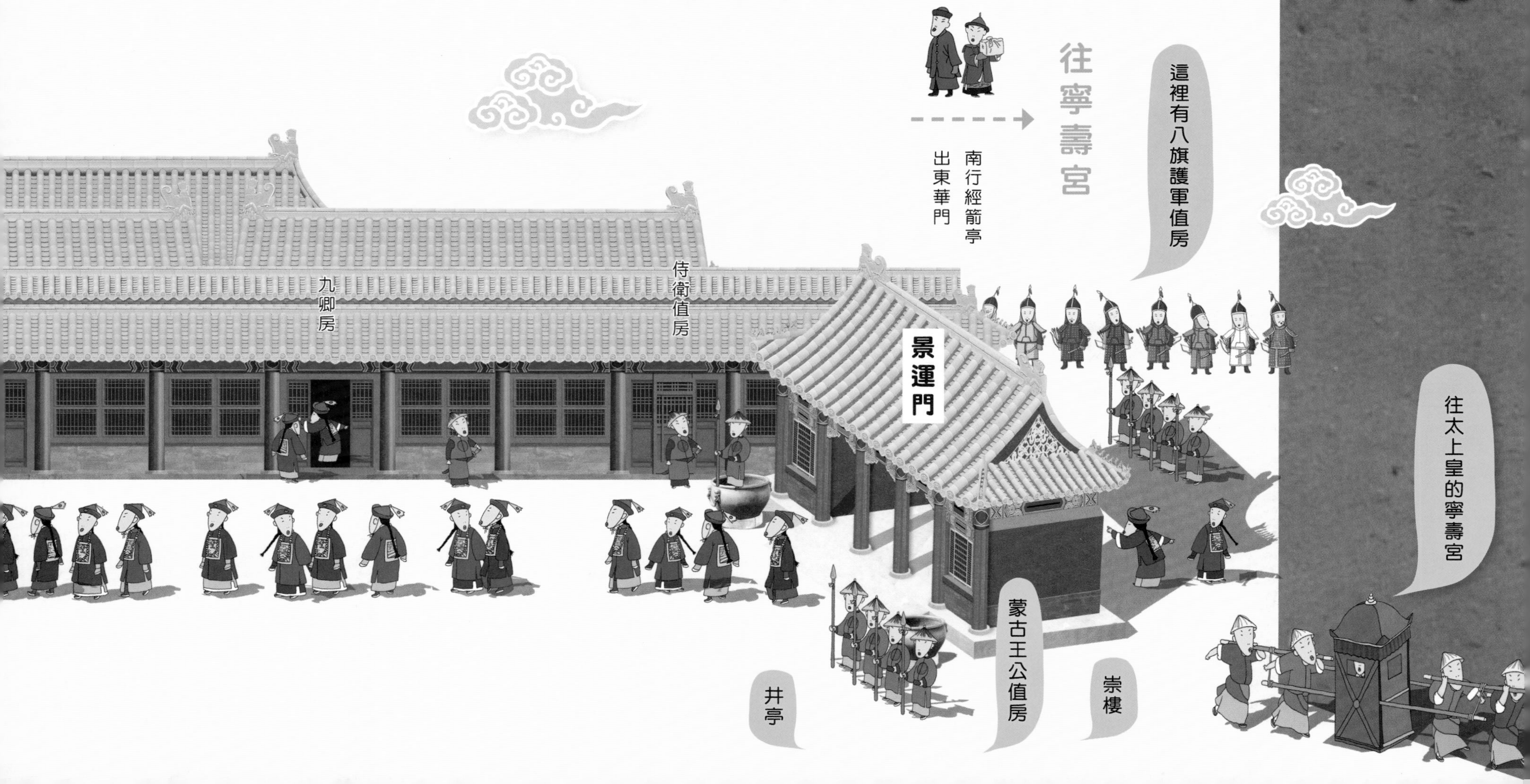

雍正的兒子乾隆做了60年皇帝，走完中國封建時期的最後一個盛世。養心殿西邊的三希堂，便是乾隆施政之餘讀書消遣的小書齋，裡面珍藏著晉代著名書法家王羲之的《快雪時晴帖》、王獻之的《中秋帖》和王珣的《伯遠帖》三件珍貴書法作品，故取名「三希」。

公元1912年2月12日（宣統三年十二月二十五日），清代最後一位太后隆裕便是在慈禧曾經垂簾聽政的東暖閣發出清政府最後一道詔書——宣告正式退位。養心殿成為了這段歷史的見證。

最大九龍壁

後宮像一個巨大無匹的寶奩，連牆壁也可以是一件首飾哩……

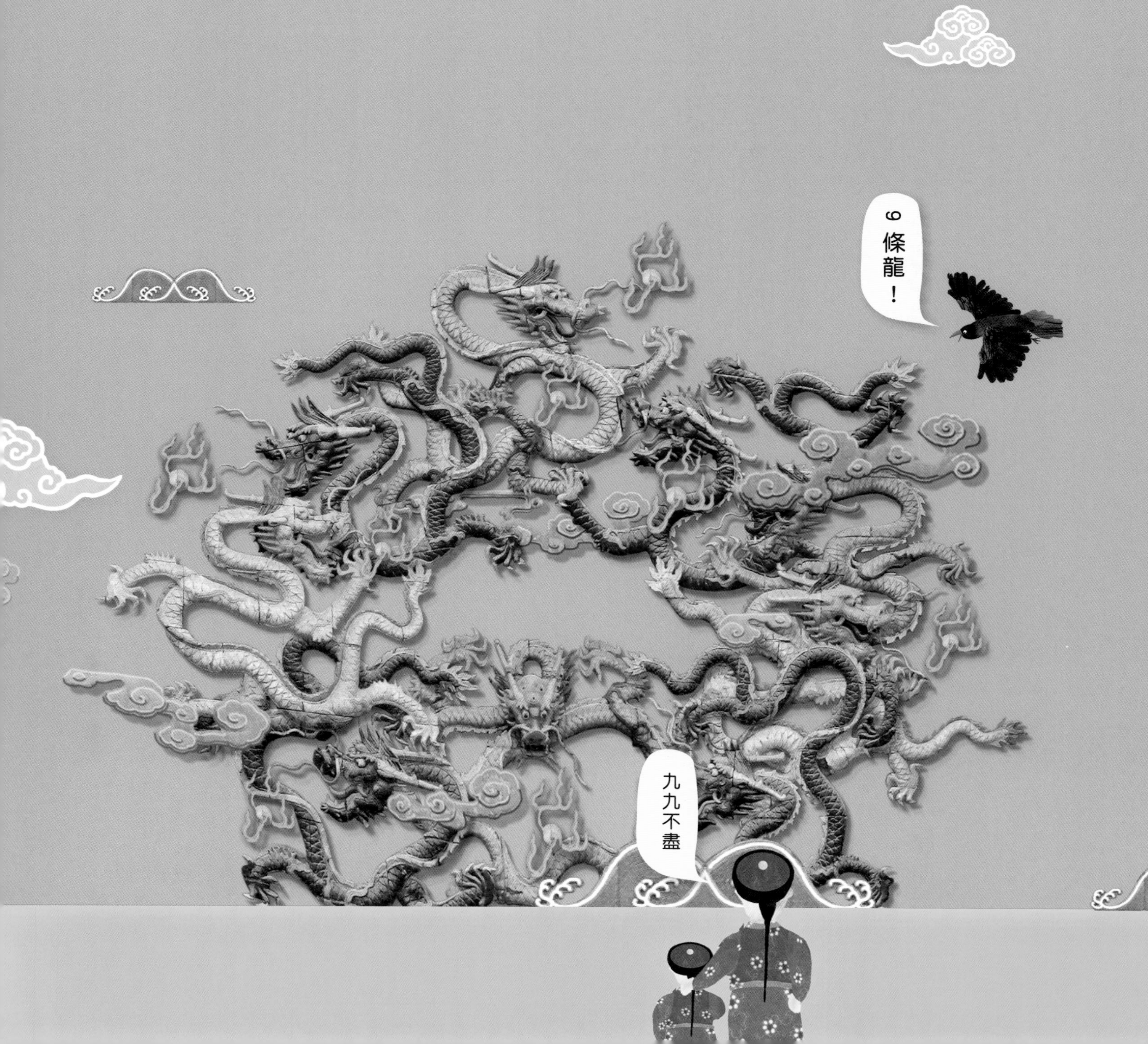

九龍壁矗立在乾隆為自己讓位後享清福而準備的寧壽宮前庭，是等級最高的影壁。古人最敬畏天，影壁就把天上9條打雷佈雨的神龍用琉璃技術留在壁上，象徵天下至尊。

壁上其中一塊瓦件在完工前不小心弄破了，來不及補造，工匠唯有用木雕刻冒充，因為手工高，造得好，居然沒讓皇帝發覺。直到後來表面的塗漆慢慢剝落，才看出是塊木頭。乾隆皇帝雖然「禪讓」了皇位，但最後還是捨不得放棄管理國家的權力，也沒有在寧壽宮住過一天，當然不會看見左邊第三條龍腹間的木塊。倒是招來兩隻精明的琉璃瑞鳥在討論。

宮中總共有308口用來儲水防火的銅鐵質地的大缸，其中鎏金銅缸22口，每個用上3公斤黃金，相信是最貴重的防火設備了！清末八國聯軍入宮時，曾用軍刀恣意削刮，留下今天所見到的痕跡。

宮院最玲瓏

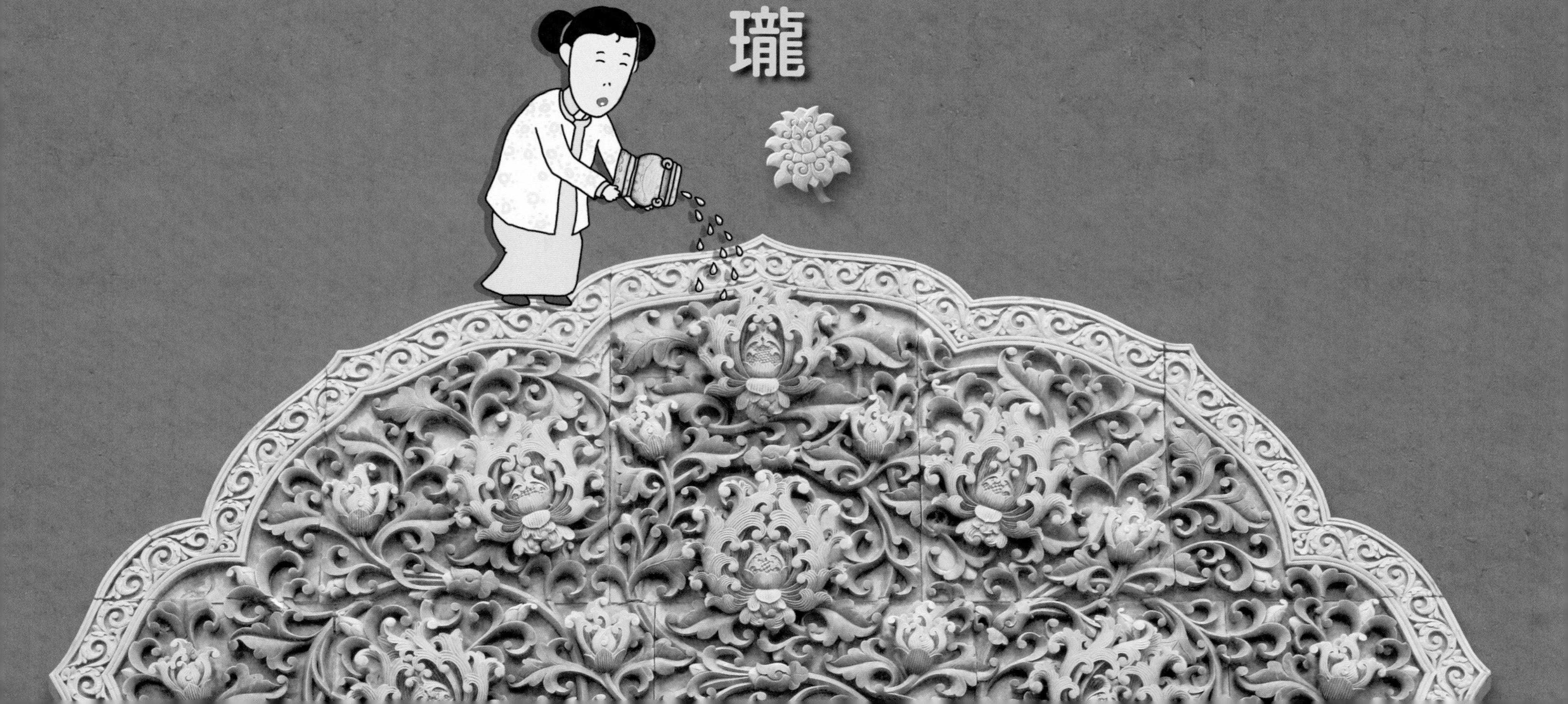

后正寢，坤寧宮；
中交泰，嬪兩傍。

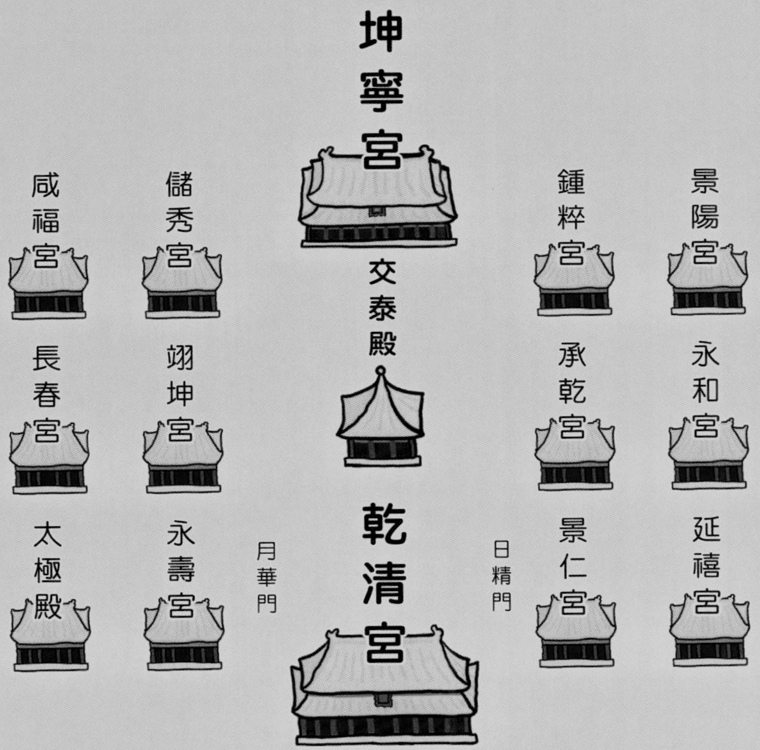

中路兩宮定乾、坤，天地交泰；東西兩廡，日、月兩門並明。嬪妃住在東、西六宮，各成一個陰柔和順的坤卦，同時又兼合十二地支之數，構成一個完美的大內乾坤圖像。

準備

後宮每一座宮院，其實都是一座座配套齊全、料精工細的獨立小別墅。

傳統中國木建築有大、小木作之分，大木作處理樑架之類的承重結構，小木作負責大框架之外的門窗裝修，乃至就地打造家具等工作。工匠各施專門技術，竣工之後便要離開，不准再踏足半步。

大、小木作，是名副其實的分工合作，十分有效率。皇家建築等級嚴格，特別講究手工技術。倘若是園林建築（或民間工程），工匠往往會依據主人的喜好而創造各種雕飾紋樣和家具樣式。由於不用顧慮房屋結構的關係，所以特別靈活，近乎於現代建築才出現的「室內設計」專業。

清宮中常用木料：
柱子（楠木、東北松、柚木），
樑架（楠木、黃松），
椽檁、望板（杉木），
角樑門窗台框（樟木），
脊吻下構件多用柏木。

入夥
樂也融融

也許會
不會吧

東西十二宮

東、西六宮從面積、高度到宮院名字都明顯從屬於帝、后正寢。雖然格局劃一標準，每座宮院的主人卻有著不同的故事。

東六宮

位處後宮東北角，距離養心殿最遠。

每談及大內「冷宮」時，大家自然就會想起這裡。

雍正的母親烏雅氏，在這裡住了45年。

清末珍妃的姐姐瑾妃入宮之後，一直住在這裡。

延禧宮

延禧宮是清代重建得最多的宮院。道光五年（1825）發生火災，咸豐五年（1855）災後又修建。宣統元年（1909），隆裕太后斥資百萬，要在延禧宮修築一座水晶宮，用來鎮壓火厄，工程因民國來臨而停止。

清代第七任皇帝咸豐在這宮院出生

學者推斷承乾宮在清初順治時是傳奇后妃董鄂氏的寢宮

康熙皇帝在這宮院出生

清末珍妃也曾住在這裡

乾清宮

清代順治年間，第一個被廢黜的皇后（降為靜妃），據說便是謫居於永壽宮。順治帝董鄂妃、雍正皇后、嘉慶帝如妃均曾在此宮居住。

交泰殿

坤寧宮

在明代曾設有放鴿台，飼養一群哨鴿。

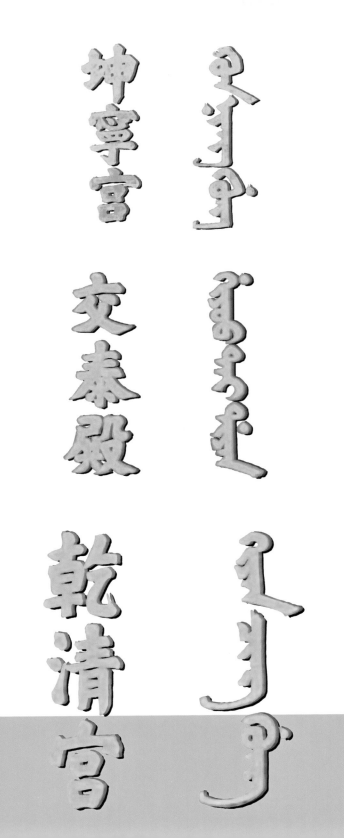

蕙風蘭露
大圓寶鏡
硬木雕子孫萬代
掐絲琺瑯蓮花壽字面盆
黃花梨嵌螺鈿盆架
掐絲琺瑯祝壽燭台
粉彩瓷魚缸
紅漆嵌螺鈿壽字炕桌
花梨木雕梅花飛罩
玉石盆景
琺瑯瓶
鏨胎琺瑯太平有象
玻璃碧紗櫥
花梨木雕玉蘭群板
宮扇
鏡心屏風
五扇紫檀嵌壽字
香几
寶座
香几
景泰藍香筒
銅鎏金桃形香爐
地平台
青銅雕龍

鏤章霞
象牙雕群仙祝壽龍船
花梨木透雕竹紋落地花罩
花梨木透雕纏枝葡萄八方罩
緙絲畫軸《福祿壽三星圖》
楠木雕萬福萬壽群板鑲玻璃罩背
日本七寶燒瓶
花梨木雕竹群板玻璃碧紗櫥
玉石盆景
幔帳
花梨木透雕纏枝葡萄落地花罩
景泰藍香筒
銅鎏金炭盆
玉石盆景
珊瑚盆景
清花三友圖玉壺春瓶
銅鎏金桃形香爐
青銅雕龍
青銅梅花鹿

西六宮

咸豐初年，年青的慈禧在這裡生下同治皇帝。光緒十年（1884），慈禧太后慶賀 50 歲生日，從長春宮返回儲秀宮，一住 10 年。

宮院至今依然保留著當年慶祝太后壽辰的原狀。

乾隆曾在這裡讀書消閑，去世後嘉慶皇帝在這裡守孝。嘉慶駕崩，道光亦在這裡守喪。至道光去世，咸豐也在咸福宮守喪。咸豐去世，慈禧、慈安偕同治返京，亦暫居於此。四代皇帝均以此宮作守喪之用。

清末慈禧太后將翊坤宮與儲秀宮合併為四進大宮院。光緒便是在這裡選隆裕為皇后以及珍、瑾二姐妹為妃。溥儀妻子婉容曾在此宮安有鞦韆架嬉戲，痕跡尚在。

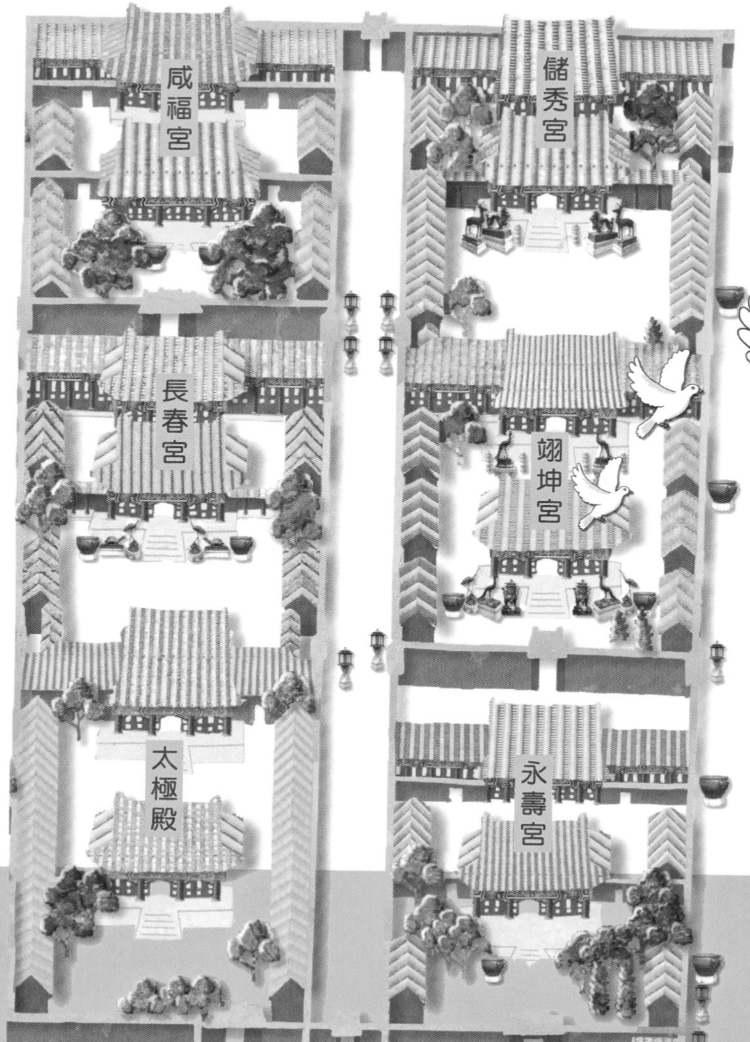

乾隆的孝賢皇后曾居於此

乾隆招和珅的兒子豐紳殷德為駙馬，亦曾在此宴請男家女眷。

有傳慈禧是在這裡生下皇子載淳（同治皇帝），得以晉升貴妃，然後返回儲秀宮（《清史稿》持皇子乃生於儲秀宮的說法）。

清末慈禧太后政變後，與慈安太后同住在長春宮裡，將啟祥宮後殿及長春宮門改建為體元殿。殿後建戲台，供宴壽娛樂之用。宮中迴廊的《紅樓夢》壁畫為光緒年間珍妃、瑾妃提議畫上。長春宮最後的主人是溥儀淑妃文繡。

明嘉靖以自己親生父親於此出生為由，更名為「啟祥宮」。清代慈禧太后將啟祥宮與後面長春宮相連，殿後建成戲台，備大壽之用。啟祥宮前殿改為太極殿。

光緒十年（1884），為慶祝慈禧 50 歲壽辰，曾在此演戲達半月之久。宣統即位後，光緒皇后隆裕晉升太后並遷進長春宮，3 年後逝世。

消防設施

木建築，防火至為重要。宮城西南隅近武英殿設立「激桶處」，激桶兵由 200 名蘇拉（閑散旗員、宮中雜役）組成，並會按時舉行演習。

鎏金銅缸

儲秀最豪華

西六宮中的儲秀宮，是清代後宮改動得最大的宮院。慈禧太后將之與翊坤宮合併成為四進大宮院，作為太后的私人豪院。

鏨胎琺瑯太平有象
銅鍍金鏤花玳瑁嵌
琺瑯畫片帶錶妝奩
海宴河清式燭台
香水粉盒
我一年才5天假期
小公主
我一年有175天假期
小遊客
我13歲便入宮
小宮女
我13歲剛上中學
小遊客
鎏金銅缸
青銅梅花鹿

溥儀小時候的功課

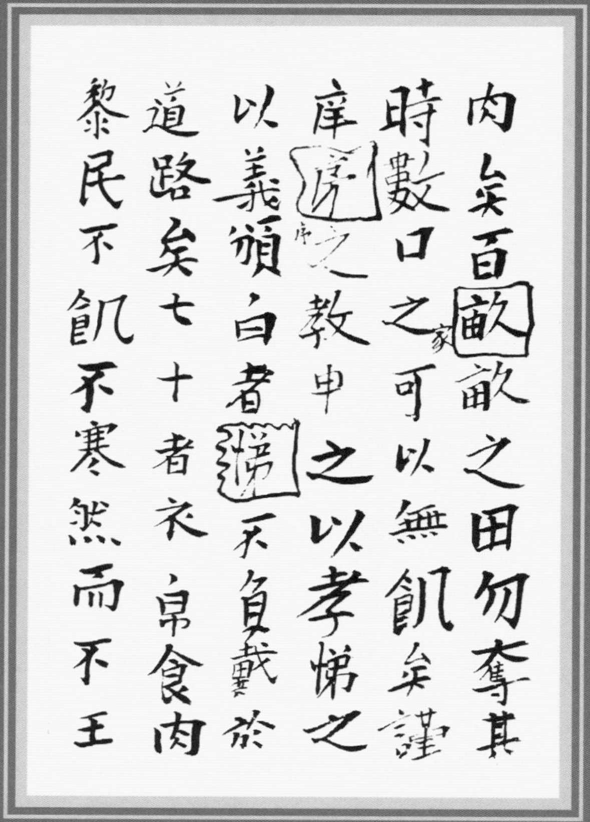
肉矣百畝之田勿奪其
時數口之家可以無飢矣謹
庠序之教申之以孝悌之
以義頒白者不負戴於
道路矣七十者衣帛食肉
黎民不飢不寒然而不王

慈禧當年生下同治皇帝的所在儲秀宮，其後殿是麗景軒，在清末建有小戲台。末代皇帝溥儀曾在此舉辦西餐宴會，廳內設有西餐用具和玻璃吊燈，排場十分洋化。今天仍可看到1924年溥儀出宮前用餐的情景。

麗景軒
時代變了，亨利！
穿洋服的婉容
是的，依麗沙白！
穿洋服的溥儀
今天吃
青豆薯仔忌廉湯
燒牛仔肉伴蒜茸汁
時果盤

溥儀與妻子婉容都慕新潮，宮中僱有西人教習洋文，溥儀更取英文名字為亨利（Henry），也替婉容取名依麗沙白（Elizabeth）。平時互相以英文留字，外語水平大概不錯。麗景軒內現藏溥儀小時候的毛筆功課，並沒有標示明確年紀，看來神秘的皇帝已在時代演變中逐漸變回和我們一樣平凡的小亨利了。

至於後宮最大的御花園，清廷覆亡後野草叢生，經整修後已大致回復當初古樹名花的佈置。

園中有奇石盆景數十座，大部分是太湖石。這種觀賞石素以「瘦、透、皺、漏、秀」等美感著稱，懂得欣賞的人會在石上看到「煙雲繚繞」，甚至在沒有下雨的日子都會聽到「雨音」；如遇雨天，雨點灑落在石子鋪砌的小徑上，更會發出淙淙流泉的聲韻……

在以前，若非皇帝恩准，就是后妃亦不能隨意進入御花園遊玩。今天遊人眾多，匆匆瀏覽，若要聽到風過石孔的「螺聲」天籟，非要安靜噤聲不可哩。

騎車！
煙消雲散
……

寫給將來的您

您好！

既然紫禁城保存至今已經超過六百年，希望您也可以把這本書好好保存，幾時想起便可翻出來看看，長大了又可打開來看——看您小時候，我們給您講的故事。然後，該是時候由您想一想，要怎樣將故事說給您的小朋友聽了！

故宮裡的一切，基本上都是有生命的。就在您的小時候，這個世界已開始變得不太真實，人與人之間已逐漸不牽手，動物漸漸減少，植物除了在公園，就是在海報或屏幕裡才可見。「活生生」這個詞的解釋要快速調整來適應迅速遠離「活生生」的生活。每一件事，都讓人思考。

我們總有一些自己珍惜的東西，這些東西代表著一些故事、回憶或者貴重的價值。變成了博物院的紫禁城，本身就是一件大寶物，裝載著明、清兩個皇朝最重要的歲月，代表了一個民族，甚至整個人類都珍惜的故事和回憶，這一切，都藏在這座人類最大的皇宮裡。

其實，在說給還是小朋友的您聽時，我們已不太了解六百多年前，曾經有十多萬人（如果記載是真的）在裡面生活和活動的皇宮是怎樣的一回事。根據2009年的統計，最多遊客參觀故宮的一天，人數正好就是十多萬。這是比一個主題公園還要多的參觀人數，對一座皇宮來說，實在太不可思議了。

我們，至少我們中的絕大多數，不會是皇帝、嬪妃、皇子或大臣，也不可能完全明白沒有電子技術的通訊、資訊和娛樂的皇宮歲月會是如何度過的。但我們相信，無論什麼世代，只要是人，無論他是誰，都會有快樂和不快樂的時候，都會有關懷和被關懷的盼望。這些盼望，會以不同的形式一代一代地傳下來，傳到我們的手上，然後交給小時候的您。

讓將來的您，用您將來的方式，將盼望帶到您們的小朋友的世界裡，好嗎？

《我的家在紫禁城》系列叢書於2010年面世，至今仍能夠再和讀者見面，實有賴故宮博物院原常務副院長暨故宮出版社社長王亞民先生多年以來的關懷和愛護，王亞民先生與我既師亦友，情誼匪淺。謹在此表達由衷的感謝。

趙廣超
設計及文化研究工作室

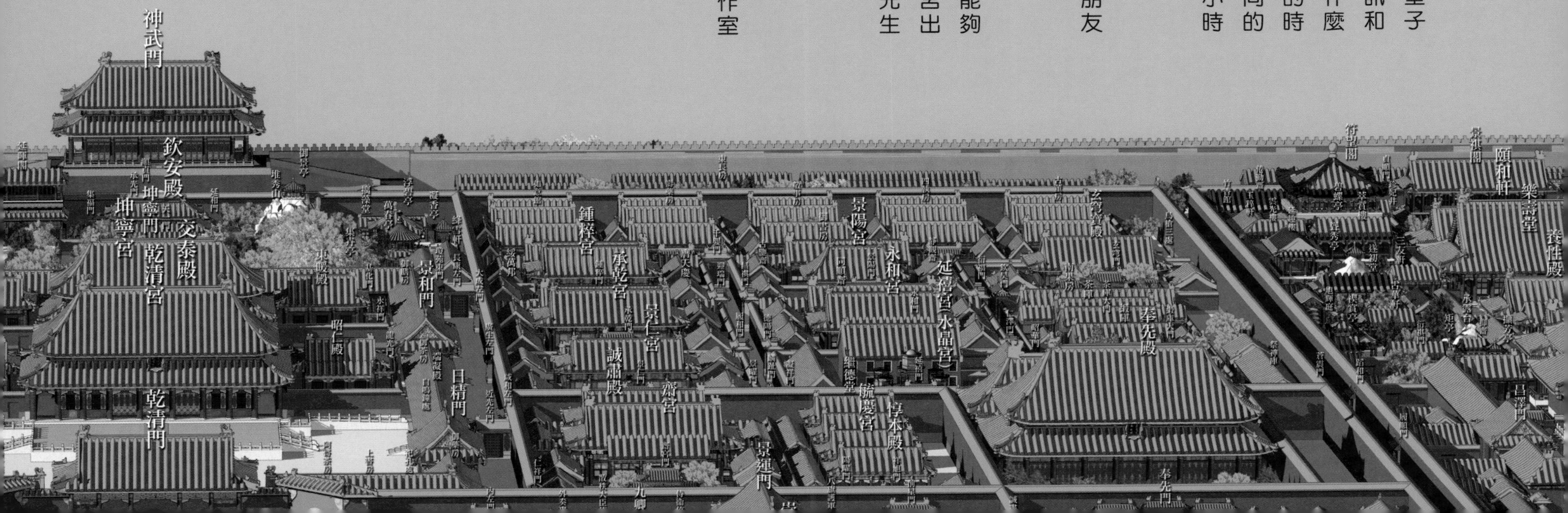

《我的家在紫禁城》系列
一起建前朝　一起看後宮

著者　趙廣超
監製　謝立文　趙廣超
創意　麥家碧　陸智昌
協力　馬健聰　陳漢威　吳靖雯
張志欣　蘇珏　吳啟駿
責任編輯　王昊　張軒誦
創作團隊　設計及文化研究工作室有限公司
出版　三聯書店（香港）有限公司
香港北角英皇道四九九號北角工業大廈二十樓
Joint Publishing (H.K.) Co., Ltd.
20/F., North Point Industrial Building,
499 King's Road, North Point, Hong Kong
香港發行　香港聯合書刊物流有限公司
香港新界荃灣德士古道二二〇至二四八號十六樓
印刷　陽光（彩美）印刷有限公司
香港柴灣祥利街七號萬峯工業大廈十一樓B十五室
版次　二〇二三年五月香港第一版第一次印刷
規格　特八開（280 × 230mm）九十六面
國際書號　ISBN 978-962-04-4718-1

本計劃的前期研究工作由何鴻毅家族基金贊助，故宮博物院支持。

CnC 設計及文化研究工作室
DESIGN AND CULTURAL
STUDIES WORKSHOP

故宮博物院
THE PALACE MUSEUM

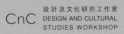

設計及文化研究工作室

由趙廣超先生於2001年成立，一直致力研究和推廣傳統以至當代的藝術和設計文化。研究及工作範圍由書籍出版延展至包括數碼媒體、展覽、教育項目等不同形式的嘗試，並積極與不同地域的單位合作，共同推動公眾乃至海外人士對中國藝術及設計的興趣與認識。

2010年，設計文化研究工作室有限公司正式註冊為香港慈善團體。

2015年，故宮出版社與工作室共同成立故宮文化研發小組。

工作室致力於撰述有關中國藝術文化的普及讀物，已出版項目包括：

《不只中國木建築》、《筆紙中國畫》、《筆記清明上河圖》、

《大紫禁城——王者的軸線》、《國家藝術．一章木椅》、

《國家藝術．十二美人》、《大紫禁城宮廷情調地圖》及《紫禁城100》等。

《我的家在紫禁城》系列

《一起建前朝 一起看後宮》

《你們這裡真好！——小動物起宮殿》

《皇帝先生您好嗎？》

《故宮三字經》

《在紫禁城》

《幸福的碗》

鳴謝

故宮博物院原常務副院長暨故宮出版社社長王亞民先生、故宮出版社文化旅遊及雜誌部同仁，以及各位曾經給予本計劃指導的專家。